Анастасия Зеленова

# Тетрадь стихов жительницы

AILUROS PUBLISHING

NEW YORK

2011

Anastasia Zelenova
Poetry notebook of the inhabitant

Обложка и иллюстрации — из архива Анастасии Зеленовой
Макет и редактура — Елены Сунцовой

Прочитать и купить книги издательства «Айлурос» можно здесь:
www.elenasuntsova.com

ISBN 978-0-9838762-1-2

Помню детство своё,
Вспоминаю его.
И хотелось бы мне
Обратится в него.

# I. МЯГКИЙ РЕБУС

меж волос и абрикос
делает укус
несмертельную прививку
тоненький надрез
я на треть уже такая
где ни натереть
сходит кожица сухая
обнажает твердь

под ракитовым кусточком
над грушовою водицей
скачет ласточка-синица
ищет милое ничто

в клюве я лежу ничком.

по синему
самому синему
голому
по голубому
глубокому Богкому Небу
ходимые —
МЫ
чащие
пресмыкопитающие
можжевеловопалые
и
светающие!

Мир почти несмешной.
Лубяной, костяной, неиной.
Адресованный кем-то не мной
всё тому же кому-то себе.

Потому из нас я:
долгий людный пустой коридор
Потому из нас мы:
бесконечная очередь нас,
без окóн и дверей, —
только кожа и,
Б-боже мой,
Дух!

и друг мы за друга держались
пока не упали туда
и звёзды нам и поражались
такая какая судьба
плывёт пеленальный и русский
корабль во все паруса
тебе, Якв Семёнович Друскин,
щеку́ подставляет слеза.

Незвана-непрошена
прикатилась горошина.
Не то, чтобы страшная,
но странно окрашенная.
Размером — с клуб,
а формой не куб.
Хозяйственный люд — вокруг похаживает,
бока ея шшупат, поглаживает.
Астроном ухмыляется, хитрит:
скрывает, что это ценный метеорит.

## Таинственный урожай

(поэма в двух строках)

*Гавриилу Лубнину*

Весной мужик свою бороду обронил в свежую борозду.
Стоит, плечами пожимает. Что осенью пожнёт? Не знает.

Из кустов — Паустовский с ружьём,
камуфляж паутины на нём.
Он следит за собой из кустов,
притвориться совою готов:
если будет собою замечен,
притворится совой беспечной.
Хитрый этот манёвр удачен:
Паустовский собою охвачен!!!

В шапке нараспашку, в шубе набекрень
проскакал по городу олень.
Только заяц-рысак обогнать его мог
и раскинуться шкурой у ног.

**КЛИЗМ**

И вот потрескалась треска,
И карася постигла кара,
Совсем безногого кальмара
Рыбак за голову таскал...
«Скоты!» — скандировали скаты,
Плевался желчью полосатик,
Касаток вычурные туши
Прибой выбрасывал наружу...
Кружили чайки над волнами

**небесные железяки**

пролетала
жердь из цветного металла,
спешила на аэродром
сдаваться в металлолом

а рядом с нею летело
из вторчермета тело,
своей непонятной конструкцией
нарушающее все инструкции

господа, задирайте головы!
с неба валится олово!

О, время мангало-татар,
папиросное лето!
Фонтан на манер кита.
По реке — ракета.

О, вечер на крыше,
проржавленной кошкиной мочью!
Лётные мыши.
Чай с недопитой ночью.

О, нега бомжей,
распластавших себя под небом!
Топот ежей
...и что-то ещё... Не помню...

**(отпуsky)**

однажды это проснётся каждого.
киночь.
чёрная, белая.
немая.
вроде бы подыхабрь.
ага, умираль-коротенек.
и между ними — прочерк
почерком-не-знаком им.
ледяной, как дирижабль
английский

солнышко-подзатыльник,
солнышко-кровь-из-носа,
Сольнышко...

**рыбаки**

слепые ловят тросточками палые листья и талые льдины

листья   сутулятся
я лишь сотая часть
    осени

Стиснув реками виски,
староярмарочно дремлют
камни, купола и кре́мли,
невысо́ки и низкй.

И по берегам моста
недостроенные реки,
всюду — уйма человека,
только я людьми пуста.

Перевези через майдан
извозчик трогательный мой.
Мой кухня жёлтый чемодан
с чтрёхугльной кожаной спиной
за разговорами за жизнь
после шести убрать ножи
и увеличивать нажим
закручивая хлипкий кран.

А ты меня перевези
ведь ты перевезуч
из этих гибельных низин
за край окрестных туч.

Место,
где они жили,
географии не подлежало.
Она называла — *Житомир,*
ОН — *Смерть, где твоё жало?*
Окрест,
сколько ни вороши,
<u>никто никогда не помер.</u>
Ничего не было жалко,
ничего — *не было,*
*всё* им принадлежало.

так мы читаем лист куста,
на цыпочки над ним привстав,
как ежегодный палимпсест,
иной неопалимый текст,
и анонимного писца
весь выдает его устав
и с нами общие места,
ведь мы читаем лист куста

У собаки Павлова хорошо жила
ведь собаке Павлову было жаль
но собака Павлов их чувств не уважал
разлучить с собакою Павлову желал
и однажды палкою отогнал её
кончилось душевное на Руси житьё

Поезд идёт
неприслонядцать минут.
Вчера былающё тут.
Карманная варежка пьёт,
высунув длань головы наружу,
и видит двойницу в луже,
и водицу видит вдвойне...

как зуб как больной
качаю себя рукой
разглядываю босиком
1. Не имея обуви на ногах
2. Не надевая чулок или носков
сердце такое лёгкое
скок-поскок
хрусталик выигрывает зрачок
на тебе мой любимый значок
зубика нет
вырвали дурачок

— дядь Никодим, выходи!
из-под мутной воды
не встаёт Никодим
и пять топоров с ним
тащим его
за топорище
вдвоём:
все пять топоров в нём...

## Морошка

Шорох морошки. Ягодка скатывается и шуршит в траве, бежит ягода ручейком.

Мы обшарили пол полушария — четверть северного полушария, чтобы нащупать.

Тундра — дом. Это нетрудно. Пастбище куропаток, белое. Ток глухаря. Ноябрь.

Какие ж в ноябре ягодки, какой, тем более, ток? Заготовляй корьё, корни тяни впрок.

Рядом растёт багульник — для обработки кож. Пьяного мёду не пьёшь? Правильно.

Это только для пчёл: выпьют — и создадут семью. Пчёл создаёт свою, пчела — тоже свою.

В коробочку пятизвёздную поселят родно и родно. Назовём это словом «коммуна».

На концах прошлогодних побегов — голову кружит дрожь. Досчитай до пяти. Обое-

полье, вечнозелёные — все в одной горсти. Иногда и потерю сознания. Иногда и тетёрку

сознание навестит. С завёрнутым краем — ни краеведения, ни, тем паче, краеведения.

А вот, к примеру — горное болото. Чем вскрыть? Идёшь с долотом и намереньями.

Сами тебя ведут. И вдруг — Китеж-град! Почём вход? А сам уж, поди, и не рад.

Но ни ногой назад, ничего долой. Слышен в порывах звон. Ветрено, как в ушах.

Очнись, встань, Иванушко. Видишь мох? Сфагнум. На него мягонько встань.

Детки уже в цветах. Опять опоздал собрать.

**А** лгоритмы   лгут
но, чем крепче ложь,
тем вернее её берегут
друг у друга берут —
поносить.
Так пляшут мальчики
         и девочки в ярких
тапочках,
и тапочки им не жмут.

Иногда,
      когда мы вдвоём,
так хорошо,
что хочется попросить:
— Господи,
сфотографируй нас, пожалуйста,
на память.

С какого языка
слетает уголёк
как капля кофе
как вода
        расходится кругами
и ты читаешь так:
        вот ад
от топота копыт
не голова трещит
а печь тебя, недогоревшего,
там ищет
скачи, скачи, мой брат
скачи, весёлый гроб
футляр с водой всплывает вверх ногами
и лошади с красивыми ногами
пакетик, фунтик как бумажку мнут

**Хармс**

В колпаке
налегке
на войну

не пойду

вот — дую — ду
ай-дую-ду

хлеб
принесёшь
меня
не найдёшь

**с обратных сторон воздуха**

...

Карандаш, как градусник:
температура растёт,
а его не хватает.

...

игра на абсолютне

...

По традиции, милиционер выцвел
Целое в целлофане зацеловано тело ценами
фантики ласточки и ромашки близки как выстрел

...

    М О Д О Й
    Й О Д О М
    Д О М О Й
ВДВОЁМ

стрижи
верещат
кажется
вереск
стригут

Я   ложусь
      на язык,
как таблетка.
Хочу быть легче
  проще (слаще) кислее
Но так не бывает
              с   я

время сначала собирает нас
а потом забывает
как марки
даже не подумав приклеить
некому
адресовать
прошлое лето

В цветочном выцветшем саду
сидим.
Пришёл садовник со стремянкой **А**.
Полез на яблоню и яблок **б** набрал.
Проехал мальчик, дыбя велик **В**.
Фонарь невидимо **Г**орел в конце аллеи.
Над домом **Д** дымился дымоход.
**Е**жихе с **ё**жиком
рогатый **Ж**ук-олень
перешагал тропинку.
Прохожий близоруко разглядывает месяц **З**.
В дыру меж трёх досок забора **И**
вернулся пёс и тоже месяц видит **Й**.
Вот пьяница заборик доломал **К**,
потом к столбу спокойно прис**Л**онился.
Пусть спит.
И пусть ему приснится **М**есто, где
в детстве он качался **н**а качелях
и с**О**лнце пробивалось между веток,
чтобы **п**отрогать детское лицо.
Фонарь в конце аллеи **Р**азгорелся
и трогает недетское лит**С**о...
И мач**Т**ою взаправдашней скрипит
антенное рог**У**...
Такая тишь и темень,
что мы глядим во все глаза **ФФ**.
Нам виден леший молча на **Х**одулях
и дома часть, без крыши и без труб
**Ц**... **Ч**...
Двуспальная кровать **Ш**ипит двойными снами
и домовой **Щ**екоткою у ног.
Вот стул с вещами **Ъ**,
позёрское трюмо **Ы**,
стул без вещей полегче **Ь**.
Да это зеркало
смеётся и кажет **Э** язык.
У зеркала сто**Ю** и вижу, как старик
И вижу, как старик откручивает лампу
сейчас погаснет **Я**
Ну, вот.

Полёты зимних голубей
я наблюдал среди дерев,
как будто груди спелых дев
я в их полёте углядел.

Качались ветки козьих ив,
садились голуби на них,
и взгляд мой между птичьих лапок
качался, будто бы заплакав.

Насквозь промокли зайцы, лисы,
лоскутных домиков теплицы,
невидимых колечки глаз
и всё, что держим про запас.

Я вышел нюхать сладкий воздух,
удобренный весны навозом,
и мне за пазуху залезли
щенки, играющие возле.

Капель лакало вороньё,
не грело нижнее бельё,
но выше кашля и соплей
стоял во мне земли апрель.

Коль нужен небу собеседник,
давай беседовать вдвоём
и, осеняясь неба сенью,
в большую синь его войдём

Как хорошо на синеве
лежать втроём в его траве
и слушать рая репетицию,
для нас устроенную птицами

Вокруг тебя меня цветы
  вокруг тебя тебя
  вокруг цветы тебя тебя
  вокруг меня цветы
  в тебя цветы целуй меня
  в меня цветы тебя
  прекрасной тесноты цветы
  вся теснота в цветах

счастья чёрное кино

кот — это мягкий ребус

Подкожные кошки не понарошку —
на самом деле!
Ты ладен, на тебя неделю надели
и всё на своём месте.
А я лопаюсь каждой почкой
по эстакаде
Даже не зная, что это,
не смея узнать, где.
И, лошадь ладош оседлав сам,
кромкой копыт стуча,
шалящую клавишу выше плато
вминаю под небеса.
Смотрите, Туча, как выше пальто
пуговицей летит.
Я луковица, коли на то
пальцем Пошевелит.

горелые саночки на белом снежку
чёрная ямка в пушистом пушку
ива разулась на бережку
прыгнула в небо сквозь речку-Чертановку
плясали веточки
скакали белочки
синички-лазоревки
субботние пенёчки
макали макушки
голуби в лужи
звенело-жило
такое дело
спокойно и смело
кому какое дело
по склону вверх
катилось и сгорело

*Елене Сунцовой*

Ничего не вижу ясно,
вижу очень ярко:
на траве разно-зелёной
жёлтая помарка.
Проплывает жёлтый лист
по зелёну морю,
синей сетью баскетбольной
пойман рыжий дворник.
Мяч коричневый земной
сдулся и пробит —
он не сдался, припорошен
пылью, но лежит.
Чёрным-чёрным круглым глазом
на него смотрю:
смерти нет в вещах ни разу,
только «не люблю».

не молчи, чучело, чудеса начеку
ещё чуть-чуть чего-нибудь выключить
и начинается (начнётся, выключи)
речи татів

конь шёл. они
такие —
ходят.
и были слабые огни.
и между ним
и ними вроде
стояли —
тоже были —
мы.
а лился
дождь
и пух летался
таинственное лето шло.
насквозь меня-тебя-и-нас-тье
теперь
вот счастье!
и светсло

# II. НЕТОЧКИ НЕЗВАНЫЕ

И незаметно зеркало во мне запотевает:
Он дышит...
И пишет, и рисует, и — стирает.
И снова дышит...

это не я грущу,
это снег хрустит.
я у тебя гощу,
как сердце во мне гостит.
и можно сыграть вничью,
да знаю, кто победит.
а я не шучу.
не шучу, и даже вот тут — болит

там наверное есть кто-нибудь
в волосках?
привстаёт на носочках
в одних носках
и всё это как-то так
что везде щекочет
не говорит чего хочет
что-то под нос лепечет
ветер и что-то ещё такое
в волосах

не плачь, поди проспись
пора, проснись!
за руку тянет, говорит кис-кис
за руку тянет и за сердце тянет
а он молчит и только время тянет
и знает, что теперь уже не встанет
вернись, кричит, вернись!
а он встаёт — и вниз

**<ночьюшед>**

от ста чертей поворот
на.
я сам скроен из этого
полотна.
не пелена ли глаза
застит?
там не простят — пусть,
но ты — прости.
прости

дерево без сознания
машина «Реанимация»
дети чужие, красивые
здравствуйте

у детства две доски через болота
я маленький мне страшно стой на месте
мне страшно, страшно, побежим скорее
у детства нет нестрашной ни дощечки

золотую рыбку рыбачит
а чего плачет?
потому, что маленький
мальчик?
ну, рыбачит, пускай
рыбачит
скажи ему, что это не значит
отпускай, скажи, отпускай!

гладь озера.
горизонт замер.
голые
        рыбы
                режут
моё
        от    же    е.
            ра    нь


невзирая
на голод,
лишь    утоляю
    жажду.

он семенит а она кровит
кто-то его из неё
                    выковыривает
и оттого в ушах
                    звенит
звонит
        звонит
                    и выговаривает
почему такой нездоровый вид
кто так носит
                кто сейчас это носит
я она говорит
                ношу
для него одного ношу
эта ноша меня не бросит

нежные, нежные    сбривают они лепестки
  с лобка
ничего, впрочем,    не загадывая
наверняка
говорят, это    слишком яблочный
    год
Ньютон в больнице
у Адама    болит
    живот


маковые росинки сами стекают
  в рот
если лежать вот так
облака
            сбегают
  и    обнажают
    лоб

Говорят, будто под водой тоже кто-то живёт.
Двое с одним камнем на шее ищут, где брод.
По пятам идёт Прошка, он ищет Сашу
     и не узнаёт.
Маленькая чужая кошка проходит по спящим
     и мнёт им живот.
И река течёт, а озеро — нет,
          лежит.
Жизнь проходит, а смерти нет,
     она её сторожит.

с котами теплее
это
понимаешь с годами

Некому ком запустить в спину спутником
Одинокая баба идёт, ноги по краю земли переставляя,
как вещи в пустынной комнате
По коридору идёт, пустые вешалки перебирает —
Это пальто Никиты, его никто не наденет,
                                        не снимет.
Она почти не пьёт, мало пьёт, ждёт икоты,
хоть кто-нибудь, да вспомянет.
И ничего не помнит,
и всех вспоминает, всё вспоминает

Одиночество — оно вот,
когда умирает кот.
А ты сидишь и пялишься в монитор,
потому что всё сделано, а ты не доктор.

«Разве я врач коту своему?»

Ну, скажи хотя бы, где будет
живая душа кошачья?..
Да на заборе, наверно,
на стене человечьего плача.

грохочут часы, как лопаты
у дворников за окном
у нас ничего на потом
и ни у кого до зарплаты
мы вышли дышать ртом
мы вышли дышать ртом
и ветер залез за ворот
так холоден этот город
так солнечно в нём

Человек — большое сокровище,
раз его зарывают на кладбище.
Здесь надёжное долгое лежбище
для вывалившихся из стойбища.
Всему-каждому свой черёд:
смотри, смотри, родной,
как ЕЩЁ ЖИВАЯ очередь
ползет вперёд, вперёд...

Мы были смешными богами
и болтали ногами,
сидя на облачках.
А такие же, как мы сами,
с обгоревшими волосами
посылали нам оригами —
журавлей на бумажных клочках

реки, впадающие в смерть,
летом почти прекращают пить,
всё сильнее становятся похожи на мать,
стараются шёпотом, или совсем не, говорить.
с ними вообще редко есть ещё кто-нибудь,
чаще их видят на картах, когда уже нечем крыть.
из белых пятен можно составить
    любое море,
а любовь — это что-то большее, чтобы
    просто здесь быть.

никто не кормит воробья
с оскаленной руки
состаренные фотоснимки
засохшие соски
зёрнышки птицам размачивать надо
поить изо рта
не орать
выключать побыстрее свет
крепко держать

нет ничего зазорного в том, что хочется есть.
так из гордого горлом же выходит спесь:
мама, папочка, муж /жена/,
накорми, я не могу один, не могу одна,
мне надо в кого-нибудь есть, чтобы просто быть,
дай мне буквы свои, я стану тебя говорить,
дай вкусить звучания твоего слова.
время — обед, полвторого.

горе, горе, чучелко смоляное,
не сиди на моей дороге, не слушайся
злого лиса
нет, скажи, надо мной твоей власти,
шерстяная полиция
и кролик опять ушёл, хоть ты выжег
кусты терновые

в общем, Ева видела перес и упарсин:
перочинным ножичком кто-то вырезал на коре.
только мало ли что привидится на заре.
а Даниила тогда не было,

муж тоже не объяснил.

мир ещё достаточно молод, а в бой идут одни старики.
что делают эти женщины, Господи, в исподнем там у реки?
гололёд собирает зрителей, но разбивает очки.
неточки вы незваные, смешные человечки

Так много неприкаянной воды.

*Евгения Риц*


Река Ока.
Холодильник Ока-III.
Я люблю Оку, она на «а»
и мягкая внутри.
Я не люблю Волгу,
потому что её любит Вовка,
а она белая и написана у всех на лбу.
Я не люблю, когда лгут.
Олька Дойникова завязывает ему шнурки.
Как это больно и дурно, он ведь и сам умеет.
Но мы гуляем с ним, взявшись за руки,
и я счастлива,

тем не менее...

ещё пять минут и Мушетт
весна голоса отшелушивает
что может быть лучше
кому может быть лучше
чем нам, которых здесь нет

вот титры, а вот тот свет

купала церквей как гусей лошадей и детей всё в одной воде
колокола ко-ко-ко светились всё слышала не понимала где
казалось везде
вынимала молитвы бумажные отмокли совсем
сушила на проявителе закрепляла прищепкой
все слова с них ветер сшуршал
кто-то слышал
заходил по щиколотку остался весь
дверь в животе открыл

и зашла в живот

изошла в живот

Мне выпишут то, что никак не принять.
Как полюс о полюсе мыслит едва ли.
Дети в гестапо играли в подвале,
сами себя выводили на свет.

Я вышел, стою. Никого больше нет.

вот гостевые тапки покупают,
играют в собственный дом.
а к ним приходят, ног не вытирают
и говорят:
мы разуваться-то не будем, собирайтесь
и идём

угол горячего дома длится к лицу
вот и прогулка вся
мне через мост через реку оку
тебе переулками пробираться
высохли яблоки, на сушу просятся из компота
что я вру, они миновали компот
давай их кусочками целоваться,
минуя рот щекотать живот
такое течение здесь, на стрелке
сносит город, а мы стоим
радость — это такая станция
*на которой не надо прощаться*

*Владимир Кучерявкин*

В холодном городе не топят: лето.
На кофте в тон
и пасмурному небу, и листве
пятно.
Я говорю не то
(что я молчу).
Не говорю тебе:
вот здесь был стон.
И не молчу про стон.
Нет, просто
пятно увидела на животе и испугалась:
кровь.
Вот так пьёшь чай и ничего
не страшно,
а глянешь на живот:
откуда кровь? застывшая? вчерашняя?
Малина
из банки пролилась.
Давай
твои штаны я тоже застираю.

Тем кто предал можно дереву довериться.

За деревней однажды увидал которого преда́л.

Дерево на него движется а само не двигается.

Кусты ежевики вокруг в форме древней буквы ижицы.

Тут уж трудно сказать кажется голова кружится ли.

Чувствует неловкость а от чего собственно?

Дерево не собака.

Ветер в кроне лает ворон играет.

Цветные круги от мошки что ли в глазах расходятся.

На природе проще жить смерть отовсюду таращится.

И всяк со своей приметой по мере его.

кто в дерева вдевает кольца,
тому видней,
что за вода на дне колодца,
чьё, отражаясь, сердце бьётся
в ней.
лови слетевших снегирей,
беги же на восход смеётся —
в ком наше эхо отзовётся,
тому видней.

Но сейчас почти лето, в природе тишь.
В ожиданьи отлёта пристальнее глядишь
на прошедшего времени место, стараясь так
обернуться им вкруг себя, чтоб остался знак.
Чтобы бабочка в банке, расправив крыла, жила.
Чтобы чайники пахли мятой, уходя со стола.
А веранда сквозь щели распространяла свет.
И котёнок в тумане подсвечивался костром.
Когда мы вернёмся, он станет большим котом.
Стоит закрыть глаза, и я снова там.
Это такой мне знак, это и есть ответ.

*Екатерине Боярских*

Блуждая между даром и дарами
как отголоски беглых голосов,
я дом нашёл, не пятнанный домами,
я лица невечерние нашёл.
Как мы увидимся теперь,
    без тени?
Стоит декабрь непуганых растений,
и я тяну тебя, как чистую ладонь;
    так тронь.
Вот ветряные троны
уже готовы нам:
    *садись, лети!*
Склоняются невидимые кроны,
не преломляя нашего пути.

никто не видел как вода
вдавила в лёд и вынула из льда —
не помня зла —
заветную закладку
кладовку нечужого вещества
водила посолонь
сильней запястья жала
чем бронзовые обручи металла
«да расточатся яко от огня»
вода меня меняла на меня
гасила горлом шла шипела пела
теперь смотрите — прорубь опустела
лети, снегурочка, покуда есть дрова

мир над миром

дрогнет

коркой

уплывёт

мир под миром


не держись за корочку
до крови раздерёт

вот лестница Иакова
твёрдый переплёт

очень старая игрушка
вряд ли кто за ней придёт

я песочный человечек состоящий из греха
видишь камень в изголовье — не проснулся я пока

не замерзая на ветру,
не занимая на метро,
сама по городу иду:
сама, зеро.

и зреет зрение во мне,
зерно шевелится во тьме
и ноша тянется со дна,
когда одна тяну.

терпя обилие зеркал,
поставленных без рам, к стене,
с изнанки отраженье узнавая,
иду — туда, где лесенка кривая,
где песня спотыкается на мне —
и прекратилась бы, каб ты не подпевал.

*Сергею Козлову*

Ёжик и медвежонок выходят из сказки. Зима.
Настоящая. Клонит в сон, но они идут.
То, что они должны сделать, видно, как сквозь туман.
Оцепление дуба. Потепление рук.
Последнее дерево леса, но впервые для них — не слова.
Кадр обрывается и трещит. Никто не оборачивается на звук.

у дерева был пёстрый живот
дерево был скворец
дерево есть под моим окном
в сугробе стоит ногой
и снег между перьев его сидит
как крошки на рукаве вязаного свитера
тепло мне и дереву с пухлым животом напротив кухни

выйдешь из леса, а там что? там поле, поле
и, значит, надо либо обратно лесом, лесом
либо крюком, крюком — потому что поздно уже
и дождь, кажется, собирается
авось мы друг друга стороной пройдём
дождь над лесом, а мы за полем
(не знаю, случился ли тогда дождь, не помню)

Время вязкое, пачкает пальцы.
ничего не слеплю, ослепла.
перевести бы себя с языка не берег.
глина не знает холода

Или так:
запустить в него
рыбок,
пусть *ими* молчит
про
Китай
про рывок
в небо...

ты и я на золотом фоне
(как Япония)
мы стали топоним
сквозь нас
проплывают и дышат
рыбы
и тонет
никак-не-утонет
Солнце
мы не
умерли
но мы уже с той
стороны
(как японцы)

посмотреть хорошенько
так
всякая ткань
живая
и
в рубчик

прошита насквозь
пришита накрепко
здесь
оттуда отпорота
начисто

и как ни протягивай
руки
никак не доходят до
путеводной нити
которая
          в нас
долевая

как не гордиться пряником в смятой руке
когда ты висишь на проволоке
и Боже Боже склоняется над тобой
с одной уже совершенно чистой ногой
тише тише скоро отмою тебя и всю
и ты висишь он висит а я не вишу — висю
а врачи видят меня не всю
разводят руками, что ногу смогли спасти
я встаю, пряник зажав в горсти
и понимаю   можно уже идти

Смотреть, как лес становится прозрачным.
Стоять! Смотреть: становится.

Так сердце переворачивается
Ты его держишь за ноги, а оно головой покачивает,
никак не остановится.
Почтальон майской ночи — утопленник
Но письма с размытым почерком
проступают в подлёдном подлиннике
Так хрупкое спорит с прочим —
обезглавленное с безъязыким —
и оказывается прочным.

Жизнь — это две полоски

для любителей стиля ретро — белая и чёрная
для других — розовые
краснее
ещё красней

когда я выхожу на улицу,
ко мне заходит кто-то другой
«ты, — говорит, — не закрывай за мной,
я ненадолго». стоит спиной.
что-то разглядывает в окне.
на сквозняке колышется, как живой.
вроде, не домовой

целовать печаловать
чёлку чужую на лоб свой прикалывать
экие завитки вихры
враждебные
нежно непроизносимые
тесные там
в стене
тенью на не
беси
смотри на лицо цело
плевелы по щекам

*Марии, дочери*
*Михаилу, мужу*

Неповторимая среда!
Свиданье первое сквозь серую вуаль.
О, Боже, как для счастья надо мало:
полулицо увидеть, полутайну.

И длился дождь, как тёплое кино,
салютом клён зашторивал окно,
и мы с тобой — в начале середины —
виновники и зрители картины.

наживая врагов..
на врагов наживляя любовь..
душа коротка —
так, что тени совсем никакой

Когда раздаётся стук,
они ещё держатся за руки.
Затем, не разнимая рук,
подходят к окну, говорят:
— Я слушаю.
Серые сумерки, дождь.
Пятый этаж.
В стёклах отражаются лампочки
        и старики.
В стекле отражается лампочка
        и старик.

я иду вперёд, впереди идёт кот,
у него впереди одна из девяти.
и у меня впереди одна из его девяти.

Если мы встанем в сердцевине часов — заезженной пластинки времени,
то увидим, как происходит свет и всё уходит в затемнение;
как проходят по стенам жилищ декорации негнущегося спектакля
и как из пазов минут торчит-свисает пакля
и развевается на ветру,
как волосы минут.
И летят по ветру ворохи ежесекундного ада
и прочие листья отцветшие...
Но мы стоим в сердцевине всего, голые, только из сада —
то ли загородные уже жители, то ли совсем нездешние.

Это как помахать рукой
со стороны другой —
времени не займёт.
И останавливаешь шаги,
слушая, как идёт.
Это как между нами
тронулся лёд —
и нас обоих несёт.
Это как? Были — наги
и стали — нагим.
Кто нас теперь разберёт.

лица летят над перелеском —
лёгкие.
то улыбаются, то забывают
улыбаться,
глядя, как мы
играем.
хотят с нами
поменяться
местами,
шелестят в перелеске перстами,
ивовыми листами выводят
на воде бегущей
строчки:
хотим к вам в дочки

и даже ночью
поют над лесом
про заячью баньку
и мы засыпаем,
обнявшись.

# СОДЕРЖАНИЕ

## I. МЯГКИЙ РЕБУС

## II. НЕТОЧКИ НЕЗВАНЫЕ

www.ingramcontent.com/pod-product-compliance
Lightning Source LLC
Chambersburg PA
CBHW071007040426
42443CB00007B/705